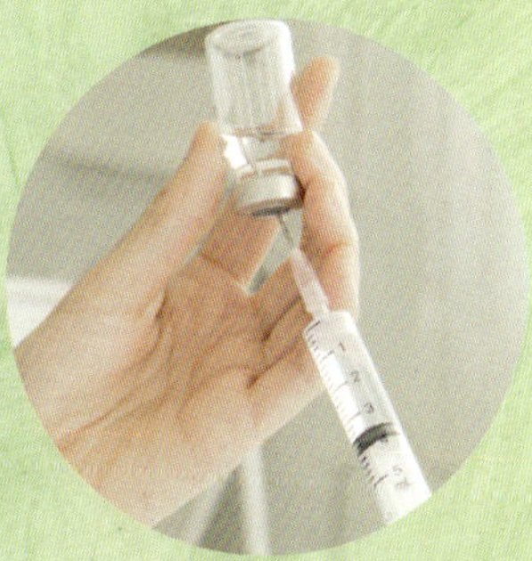

1分钟儿童小百科

万物由来小百科

介于童书 / 编著

江苏凤凰科学技术出版社 · 南京

图书在版编目（CIP）数据

万物由来小百科 / 介于童书编著 . — 南京 : 江苏凤凰科学技术出版社, 2022.2
（1 分钟儿童小百科）
ISBN 978-7-5713-2206-9

Ⅰ . ①万… Ⅱ . ①介… Ⅲ . ①科学知识 – 儿童读物 Ⅳ . ①Z228.1

中国版本图书馆 CIP 数据核字 (2021) 第 162050 号

1分钟儿童小百科
万物由来小百科

编　　著	介于童书
责任编辑	冼惠仪
责任校对	仲　敏
责任监制	方　晨
出版发行	江苏凤凰科学技术出版社
出版社地址	南京市湖南路 1 号 A 楼，邮编：210009
出版社网址	http://www.pspress.cn
印　　刷	文畅阁印刷有限公司
开　　本	710 mm × 1 000 mm　1/24
印　　张	6
字　　数	150 000
版　　次	2022年2月第1版
印　　次	2022年2月第1次印刷
标准书号	ISBN 978-7-5713-2206-9
定　　价	36.00元

前言

扫一扫　听一听

我们吃饭要用筷子，出行要乘坐汽车，生病了要打针，那么你知道筷子、汽车、注射器的由来吗？这些物品最初是什么样的，又经过了怎样的演变才成为如今的样子呢？让我们从这本书里，一起重新认识一下这些常见的事物吧。

本书内容丰富，包括生活用品、交通通信、医疗用具和食品、文化艺术、天文科技、政治军事等六方面的知识，与孩子的日常生活和学习息息相关，为孩子构建了一个认识外界的基础框架。本书的文字浅显易懂，生动形象，便于孩子理解和接受，不仅让孩子了解了这些常见事物的由来和用途，还能激发起孩子学习、探索的欲望。在孩子们快乐阅读的同时，也培养了他们的思维能力、想象力、创造力，让他们在阅读中思考，在思考中成长。

目录

生活用品篇

交通通信篇

医疗用具和食品篇

文化艺术篇

天文科技篇

政治军事篇

扫一扫 听一听

shēng huó yòng pǐn piān
生活用品篇

生活用品就是我们日常生活中会用到的物品。早上我们洗脸、刷牙，会用到毛巾、脸盆、牙膏、牙刷等物品；晚上睡觉，我们会用到被子、枕头等物品；做饭、吃饭时，我们会用到锅、碗、筷子等物品……生活用品对我们而言非常重要，我们每一天都离不开这些东西。我们就通过这一章，了解一些常见的生活用品吧。

huǒ chái

火柴

huǒ chái shì yì zhǒng qǔ huǒ de gōng jù jiāng huǒ chái bāo guǒ
火柴是一种取火的工具。将火柴包裹
zhe yì rán wù zhì de yì tóur zài huǒ chái hé cè miàn de lín
着易燃物质的一头儿，在火柴盒侧面的磷
zhǐ shàng mó cā huǒ chái jiù huì rán shāo nián yīng guó rén
纸上摩擦，火柴就会燃烧。1826年，英国人
yuē hàn wò kè jiāng liú huà tī hé lǜ huà jiǎ zuò chéng gāo zhuàng
约翰·沃克将硫化锑和氯化钾做成膏状，
tú zài xiǎo mù bàng shàng bìng zài shā zhǐ shàng mó cā shǐ qí shēng huǒ
涂在小木棒上，并在砂纸上摩擦使其生火，
zhè shì xiàn dài huǒ chái de chú xíng zhè zhǒng huǒ chái jīng guò gǎi jìn
这是现代火柴的雏形。这种火柴经过改进
hòu gèng yì diǎn rán què bú gòu ān quán zhí dào nián ruì
后，更易点燃，却不够安全。直到1855年，瑞
diǎn de huǒ chái chǎng cái yán zhì chū ān quán huǒ chái
典的火柴厂才研制出安全火柴。

趣味知识

根据不同的用途，人们做出了很多特殊的火柴。抗风火柴在十级大风中也能燃烧；高温火柴燃烧时能产生1 200 ℃以上的高温；信号火柴能持续发出红、蓝或白色火光……

钟表

钟表是一种精密的计量和指示时间的仪器。16世纪，德国已经出现一种误差在15分钟内的钟，这种钟只有一根指针。17世纪，钟摆和发条的出现使钟表的精准度大大提高。1657年，荷兰的物理学家惠更斯制作出第一个摆钟。如今，不仅有各种大型钟和小型钟，小体积的袋表、腕表也走进了人们的生活。

趣味知识

欧洲的机械钟在明朝万历年间传入中国，专门进献给万历皇帝。万历皇帝非常喜欢这种钟表，还下令成立了专门制作机械钟的作坊。现在除了机械钟，用电能提供动力的电子钟表也被普遍使用。

12
1
2
3
4
5
6
7
8
9
10
11

yǎn jìng
眼镜

yǎn jìng chū xiàn zhī qián hěn duō shì lì bù hǎo de rén
眼镜出现之前，很多视力不好的人
nán yǐ kàn qīng shū shàng de wén zì yīng guó rén luó jí ěr péi
难以看清书上的文字，英国人罗吉尔·培
gēn jiù xiǎng fā míng yì zhǒng gōng jù bāng zhù rén men yuè dú tā fā
根就想发明一种工具帮助人们阅读。他发
xiàn tū tòu jìng kě yǐ jiāng wén zì fàng dà yú shì zài nián
现凸透镜可以将文字放大，于是在1268年
jì lù le tòu jìng de yuán lǐ tí chū le guān yú yǎn jìng de shè
记录了透镜的原理，提出了关于眼镜的设
xiǎng bìng huì zhì le yǎn jìng de cǎo tú jù shuō zhí dào
想，并绘制了眼镜的草图。据说直到1289
nián guāng xué jiā ā ěr mǎ tuō hé yí wèi jiào sī pí nà de yì
年，光学家阿尔马托和一位叫斯皮纳的意
dà lì rén cái zhì zào chū yǎn jìng
大利人才制造出眼镜。

趣味知识

随着3D电影的出现，3D电影眼镜也应运而生。在观看3D电影时，如果不佩戴3D电影眼镜，观看到的画面就是模糊不清的；戴上这种眼镜之后，观看到的画面就会变得清晰、立体，仿佛置身于影片场景之中。

qiān bǐ

铅笔

qiān bǐ shì yì zhǒng shū xiě yòng de gōng jù nián
铅笔是一种书写用的工具。1564年，
yīng gé lán de mù yáng rén fā xiàn shí mò kě yǐ yòng lái zài yáng shēn
英格兰的牧羊人发现石墨可以用来在羊身
shàng zuò jì hao hái kě yǐ yòng yú shū xiě hé huì huà jiù bǎ
上做记号，还可以用于书写和绘画，就把
shí mò zuò chéng xiǎo tiáo lái yòng hòu lái rén men duì shí mò jìn
石墨做成小条来用。后来，人们对石墨进
xíng jiā gōng bìng gěi tā jiā shàng le bǐ gǎn hé bǐ mào shǐ tā
行加工，并给它加上了笔杆和笔帽，使它
bú yì zhé duàn biàn yú xié dài měi guó huà jiā ā màn zài qiān
不易折断、便于携带。美国画家阿曼在铅
bǐ gǎn mò duān jiā le yì xiǎo kuài xiàng pí shū xiě chū xiàn cuò wù
笔杆末端加了一小块橡皮，书写出现错误
shí kě yòng lái cā chú cuò wù
时，可用来擦除错误。

趣味知识

在铅笔的笔杆上，常常带有“H”或者“B”的标志，一般用“H”表示笔芯较硬的铅笔，“B”表示笔芯较软的铅笔。“H”前面的数字越大，笔芯越硬，书写字迹越浅；“B”前面的数字越大，笔芯越软，书写字迹越黑。

diàn dēng

电灯

电灯是一种人造的、用电作为能源的照明工具。1821年，英国化学家戴维和法拉第就已经发明出一种叫电弧灯的电灯，但这种电灯并不实用，光线太强，使用寿命太短。爱迪生经过几千次试验，终于找到合适的灯丝材料，成功地改进了电灯。改进后的电灯灯丝耐用，亮度持久。之后这种电灯走进千家万户，给人们带来了光明。

趣味知识

LED灯是一种绿色环保的新型电灯，相较于传统电灯，它有诸多优点。白光LED灯的能耗大约只有白炽灯的1/10，而使用寿命约是钨丝灯的50倍；发出的光无频闪，减少了对人眼的不良影响；制造材料中不含汞等污染元素；防震性能好，易于运输、储存。

kuài zi
筷子

kuài zi shì zhōng guó rén chī fàn shí cháng yòng de gōng jù zhōng
筷子是中国人吃饭时常用的工具。中
guó rén shǐ yòng kuài zi zhì shǎo yǒu nián de lì shǐ le xiāng
国人使用筷子至少有3 000年的历史了。相
chuán dà yǔ zhì shuǐ shí tā yì zhí dāi zài yě wài yóu yú shí
传大禹治水时，他一直待在野外，由于时
jiān jǐn jí jīng cháng zháo jí jìn shí dàn fàn shí gāng zhǔ hǎo shí
间紧急，经常着急进食，但饭食刚煮好时
fēi cháng tàng tā jiù yòng liǎng gēn shù zhī jiā qǐ lái chī zhè jiù
非常烫，他就用两根树枝夹起来吃，这就
shì kuài zi de chú xíng chú le zhōng guó cháo xiǎn hán guó rì
是筷子的雏形。除了中国，朝鲜、韩国、日
běn xīn jiā pō yuè nán děng guó jiā de rén yě zài rì cháng yǐn
本、新加坡、越南等国家的人也在日常饮
shí zhōng shǐ yòng kuài zi
食中使用筷子。

趣味知识

筷子是中华饮食文化的象征。筷子的使用也有相应的礼节：在餐桌上，要等最年长的人动筷后，再开始吃饭；夹起食物后，不能再放回去；不能将筷子插入饭食中；不要拿着筷子随意舞动；不可用筷子敲打碗碟，或指着他人。

sǎn
伞

chuán shuō sǎn shì chūn qiū shí qī lǔ guó rén lǔ bān hé tā
传说，伞是春秋时期鲁国人鲁班和他
de qī zi yún shì fā míng de yún shì měi tiān gěi wài chū gàn huór
的妻子云氏发明的。云氏每天给外出干活
de lǔ bān sòng fàn xià yǔ tiān zhǐ néng mào yǔ wài chū hòu
儿的鲁班送饭，下雨天只能冒雨外出。后
lái tā men kàn dào zhē yǔ de tíng zi hé xiǎo hái zi shǒu zhōng dǎng
来他们看到遮雨的亭子和小孩子手中挡
yǔ de hé yè shòu dào qǐ fā zuò chū le yǔ sǎn yóu zhǐ sǎn
雨的荷叶，受到启发，做出了雨伞。油纸伞
shì zhōng guó chuán tǒng de yǔ sǎn tā bù jǐn bèi yòng lái zhē yáng dǎng
是中国传统的雨伞，它不仅被用来遮阳挡
yǔ hái yǒu yí dìng de xiàng zhēng yì yì shì qìng diǎn shàng zhòng yào
雨，还有一定的象征意义，是庆典上重要
de dào jù
的道具。

趣味知识

在日常生活中，折叠伞的使用已经相当普遍。直柄伞使用方便，结实耐用，但体积较大，不方便携带，折叠伞就解决了这一问题。折叠伞收折起来后，可以放进包里或者直接用手拿着，小巧轻便，易于携带。

diàn shì
电视

英国的电子工程师约翰·贝尔德受到无线电传送信息的启发，认为电信号也可以传送图像，由此开始了大量研究。1924年，贝尔德成功发明了第一台电视机。同一时期，维拉蒂米尔·斯福罗金和费罗·法恩斯沃斯也分别独立发明了电视，但其传输和接收原理与贝尔德发明的电视有很大差异。

趣味知识

电视虽然给我们带来了很多欢乐，让我们增长了见识、扩宽了视野，但也存在弊端。电视发出的光线会造成视觉疲劳，引发近视等眼疾。一些低俗节目也会对青少年造成不良影响。我们应当控制看电视的时间，不能沉迷其中。

冰箱

很早以前，人类就懂得低温下储存的食物不易腐烂的道理。早期人们用冰块储存食物，但冰块不易保存。1822年，英国物理学家法拉第发现氨、氯等气体加压后会变成液体，压力降低时又会变成气体，液体变成气体的过程中会吸收大量的热量。据此原理，澳大利亚商人哈里森于1851年发明了第一台人工制冷压缩机；德国化学家、工程师林德在1879年制造了世界上第一台家用冰箱。

趣味知识

除了储存食物，冰箱还有许多妙用。例如：衣服上粘了口香糖，将其放入冰箱中冷冻，口香糖会变硬变脆，轻易就可剥离；把生虫的旧书用薄膜包好放在冷冻室，蛀虫就会被冻死。

niú zǎi kù

牛仔裤

1849年，美国兴起淘金热。淘金的矿工们每天做着繁重的工作，衣服极易磨损，他们急需一种实用耐磨的衣服。这时，出现了一种帆布做成的耐磨的裤子，就是牛仔裤。如今的牛仔裤不仅美观、耐穿，价格也便宜，受到了全世界人的喜爱。随着牛仔裤面料、花色、版型的增多，它也成了一种时尚的标志。

趣味知识

为了减少牛仔裤褪色，可以将新买来的牛仔裤放在盐水中浸泡。不可用漂白剂洗牛仔裤，否则会造成严重的褪色。牛仔裤最好与浅色衣物分开洗，不然容易给浅色衣物染色。洗好的牛仔裤尽量翻面晾晒，且避免阳光暴晒。

扫一扫 听一听

jiāo tōng tōng xìn piān

交通通信篇

不管是学习、工作，还是外出游玩、走亲访友，交通、通信都在其中起着重要的作用。我们需要了解各种交通工具，认识各种交通信号，保证出行安全；也需要通过各种通信技术与他人沟通交流，获取信息和传递信息。生活中的方方面面都需要接触交通、通信，所以掌握一些交通、通信常识非常有必要。

马路

马路就是平时我们在户外所走的平坦宽阔的道路、公路。18世纪中期，英国的工业得到了迅速发展，当时的交通道路逐渐不能满足人们的需求了。为了改善交通，苏格兰人约翰·马卡丹设计了一种用碎石铺设、中央略高、宽阔平坦的路，人们称之为“马路”。现在的马路因涂有沥青等材料，又被称为“柏油路”。

趣味知识

安全过马路要注意以下几点：等绿灯亮后，再过马路；注意观察两侧的车辆；过马路时不要玩手机；不和车辆抢道；匀速走过，不要犹犹豫豫，也不要急速冲过去；不要在车辆的缝隙中穿行。

rén xíng héng dào xiàn

人行横道线

rén xíng héng dào xiàn sú chēng bān mǎ xiàn shì yóu yì tiáo
人行横道线俗称“斑马线”，是由一条
tiáo bái sè xiàn zǔ chéng de yòng yǐ huà dìng xíng rén héng chuān dào lù
条白色线组成的，用以划定行人横穿道路
de bù xíng fàn wéi gǔ luó mǎ shí qī de jiē dào shàng xíng rén
的步行范围。古罗马时期的街道上，行人
hé mǎ chē yì qǐ tōng xíng jīng cháng fā shēng yōng dǔ hòu lái rén
和马车一起通行，经常发生拥堵。后来，人
men zài lù kǒu diàn shàng yí kuài kuài jiàn gé de shí kuài jiào zuò tiào
们在路口垫上一块块间隔的石块，叫作跳
shí xíng rén cǎi zhe shí kuài guò mǎ lù ér mǎ chē de lún zi
石。行人踩着石块过马路，而马车的轮子
kě yǐ cóng shí kuài jiān chuān guò qì chē chū xiàn hòu tiào shí yǐng
可以从石块间穿过。汽车出现后，跳石影
xiǎng tōng xíng jiù yǎn biàn chéng rén xíng héng dào xiàn
响通行，就演变成人行横道线。

趣味知识

人行横道线是为了引导行人过马路、保护行人安全而设置的。没有红绿灯的路口，行人可以选择车少的时机，走人行横道线过马路，车辆必须减速，让行人优先通过；有红绿灯的路口，所有车辆和行人都必须按红绿灯的指示通行。

jiāo tōng xìn hào dēng

交通信号灯

shì jiè shàng zuì zǎo de jiāo tōng xìn hào dēng chū xiàn zài
世界上最早的交通信号灯出现在1858
nián ān zhuāng zài lún dūn de jiē tóu yǒu hóng lán liǎng zhǒng yán
年，安装在伦敦的街头，有红、蓝两种颜
sè gǎi liáng hòu de jiāo tōng xìn hào dēng biàn chéng hóng huáng lǜ
色。改良后的交通信号灯，变成红、黄、绿
sān zhǒng yán sè lǜ dēng liàng qǐ shí miàn duì lǜ dēng de chē liàng
三种颜色。绿灯亮起时，面对绿灯的车辆
hé xíng rén kě yǐ tōng xíng huáng dēng zài lǜ dēng zhī hòu liàng biǎo
和行人可以通行；黄灯在绿灯之后亮，表
shì jǐng shì hóng dēng zé biǎo shì jìn zhǐ tōng xíng jiāo tōng xìn hào
示警示；红灯则表示禁止通行。交通信号
dēng de chū xiàn wéi chí le dào lù jiāo tōng de zhì xù jiǎn shǎo
灯的出现，维持了道路交通的秩序，减少
le jiāo tōng shì gù de fā shēng
了交通事故的发生。

趣味知识

交通信号灯设置成红、黄、绿三种颜色是有原因的。红光穿透空气的能力强，容易引起人的注意。人眼对红光、黄光、绿光和蓝光最为敏感，而且红、绿两种颜色最容易区分。颜色也能传达一定的含义，给人相应的心理暗示。

汽车

德国工程师卡尔·本茨被誉为“汽车之父”，他在1885年制造出世界上第一辆内燃机驱动的三轮汽车。这辆车已经具备现代汽车的一些特点。现代的汽车发展出很多类型，动力装置、外形、容量都不尽相同。汽车的出现提高了人们的生活质量，为人们的出行提供了方便，大大节省了人们的出行时间。

趣味知识

汽车在给我们带来便利的同时，也引发了一系列问题。汽车消耗了地球上大量的不可再生能源，排放出的废气含有大量有害物质，不仅影响人类的健康，也污染了空气，对生态系统造成了一定的不良影响。

公共汽车

1826年，法国南特出现了最早的马拉的公车，行车路线是从市中心到郊区的公共浴场。1831年，英国人沃尔特·汉考克制造出第一辆以蒸汽机为动力装置的公共汽车，可载10名乘客。公共汽车对社会有着重大的影响，它将不同的地点连接在一起，为乘客带来便利；同时也减轻了交通压力，保护了环境。

趣味知识

公共汽车有很多分类，按照运行距离，可以分为长途和短途公共汽车；按照载客量，可以分为小型、中型和大型公共汽车；按照燃料种类，可以分为燃油、燃气和电动公共汽车；按照车型结构，可以分为单层、双层、铰接式公共汽车等。

huǒ chē

火车

huǒ chē shì yì zhǒng zài tiě lù guǐ dào shàng xíng shǐ de jiāo tōng
火车是一种在铁路轨道上行驶的交通
yùn shū gōng jù tā de sù dù kuài chéng zài liàng dà chéng chē jià
运输工具，它的速度快，乘载量大，乘车价
gé pián yi cǐ wài tiān qì děng yīn sù duì huǒ chē de yǐng xiǎng yě
格便宜。此外，天气等因素对火车的影响也
bǐ jiào xiǎo huǒ chē yì bān bèi rèn wéi shì yīng guó gōng chéng shī qiáo
比较小。火车一般被认为是英国工程师乔
zhì sī dì fēn sēn fā míng de sī dì fēn sēn zài nián fā
治·斯蒂芬森发明的。斯蒂芬森在1814年发
míng le yì tái zhēng qì jī chē tā xíng jìn shí huì yǒu huǒ cóng yān cōng
明了一台蒸汽机车，它行进时会有火从烟囱
lǐ xiàng wài cuān yīn ér bèi jiào zuò huǒ chē hòu lái ruì shì yán zhì
里向外蹿，因而被叫作火车。后来，瑞士研制
de xīn xíng rán yóu qì lún jī chē bèi gōng yè guó jiā pǔ biàn cǎi yòng
的新型燃油汽轮机车被工业国家普遍采用。

趣味知识

1825年，斯蒂芬森发明的火车拉着乘客运行，速度约为每小时24千米。经过一步步改良、提速，如今普通火车的时速达到了100~120千米，特快列车的时速可达到150千米，高铁的时速更是达到了200~300千米。

442 222

fēi jī

飞机

nián měi guó de lái tè xiōng dì shè jì zhì zào le
1903年，美国的莱特兄弟设计制造了
shì jiè shàng dì yī jià yǒu dòng lì kě cāo zòng de zài rén fēi xíng
世界上第一架有动力、可操纵的载人飞行
fēi jī wèi rén lèi chā shàng le fēi xiàng lán tiān de chì bǎng cǐ
飞机，为人类插上了飞向蓝天的翅膀。此
hòu fēi jī jì shù gāo sù fā zhǎn chú le wǒ men chéng zuò de
后，飞机技术高速发展。除了我们乘坐的
kè jī fēi jī hái yǒu hěn duō zhǒng lèi rú yǒu mín yòng de yùn
客机，飞机还有很多种类，如有民用的运
shū jī nóng yè jī yī liáo jiù hù jī děng yǒu jūn yòng de
输机、农业机、医疗救护机等，有军用的
jiān jī jī hōng zhà jī zhēn chá jī hé yù jǐng jī děng
歼击机、轰炸机、侦察机和预警机等。

趣味知识

飞机与其他交通工具相比，速度更快，例如喷气式客机每小时能飞行约900千米。同时，飞机也有自身的局限性，它的造价高，机票昂贵，无法运输太重的物品，起降受场地和天气因素的限制也比较大。

zhí shēng jī

直升机

直升机是20世纪航空领域一个出色的作品，它可以飞到其他飞机和车辆难以到达的地方。直升机的概念最早来自中国的竹蜻蜓和意大利人达·芬奇的设想。达·芬奇在1483年绘制了直升机草图，并在之后的手稿中讲述了飞行器的制造工序。1939年，美国人伊戈尔·西科斯基设计制造了世界上第一架实用的直升机。

趣味知识

直升机不需要大面积的机场，可以垂直起飞和降落，还能在空中悬停。早期的直升机都是通用直升机，可以参与许多领域的工作，但缺乏专业性。现在发展出了许多专用直升机，例如搜救直升机、武装直升机等。

yóu piào
邮票

nián yīng guó yóu zhèng kāi shǐ yòng yì zhǒng yǔ yóu chuō
1840年，英国邮政开始用一种与邮戳
dà xiǎo lèi sì yìn zhe chuō jì de zhǐ tiē zài xìn jiàn shàng dài
大小类似、印着戳记的纸贴在信件上，代
biǎo yǐ jīng zhī fù yóu fèi zhè zhǒng zhǐ jiù shì yóu piào zhī hòu
表已经支付邮费，这种纸就是邮票。之后，
gè guó fēn fēn xiào fǎng fā xíng běn guó de yóu piào yóu piào de
各国纷纷效仿，发行本国的邮票。邮票的
zhǔ yào bù fen yìn yǒu yǔ fā xíng mù dì yǒu guān de tú àn wén
主要部分印有与发行目的有关的图案、文
zì biān shàng yìn yǒu biān hào miàn zhí jí shè jì zhě hé yìn shuā
字，边上印有编号、面值及设计者和印刷
chǎng de míng zi děng yóu piào shàng hái yǒu yòng tè shū fāng fǎ jiā yā
厂的名字等。邮票上还有用特殊方法加压
de fáng wěi shuǐ yìn
的防伪水印。

趣味知识

邮票一般由主权国家发行，上面印有发行国家的标志，因此也被称为“国家名片”。邮票的图案包罗万象，一张小小的邮票可以体现出一个国家或地区的自然风貌、文化历史等特点，因而具有一定的收藏价值。

guǎng bō
广播

guǎng bō shì lì yòng wú xiàn diàn bō huò dǎo xiàn xiàng dà zhòng chuán
广播是利用无线电波或导线向大众传
sòng shēng yīn xìn xī de yì zhǒng chuán bō gōng jù nián yīng guó
送声音信息的一种传播工具。1920年，英国
jǔ bàn de yì cháng yīn yuè huì bèi yuǎn zài bā lí yì dà lì děng dì
举办的一场音乐会被远在巴黎、意大利等地
de rén tīng dào zhè jiàn shì chéng wéi quán qiú guǎng bō shì yè de kāi
的人听到。这件事成为全球广播事业的开
duān guǎng bō chéng běn dī lián chuán bō xìn xī kuài jié shōu tīng bú
端。广播成本低廉，传播信息快捷，收听不
shòu dì diǎn xiàn zhì shì hé gè zhǒng nián líng duàn hé wén huà bèi jǐng de
受地点限制，适合各种年龄段和文化背景的
rén shōu tīng yì bān shōu tīng guǎng bō xū yào shōu yīn jī děng shè bèi
人收听。一般收听广播需要收音机等设备，
xiàn zài tōng guò hù lián wǎng yě kě yǐ suí shí suí dì shōu tīng
现在通过互联网也可以随时随地收听。

趣味知识

中国境内出现的第一座广播电台是美国人创办的。哈尔滨广播电台是中国人创办的第一座官方广播电台。1940年，延安新华广播电台（中央人民广播电台的前身）的创建，标志着中国人民广播事业的开始。

yī liáo yòng jù hé shí pǐn piān

医疗用具和食品篇

扫一扫 听一听

医疗用具是对我们健康的保障，在预防、诊断和治疗疾病的过程中起着重要的作用。食品是我们生存所必需的物质，为我们提供了大量的营养和能量，使我们可以正常地生长发育，进行各种活动。只有多多了解有关医疗用具和食品的知识及信息，合理安排饮食，提高身体素质，才能让生活变得更加美好。

kǒu zhào

口罩

中国元朝时，宫廷里进献食物的人用绢布蒙住口鼻，避免呼出气体与食物接触，这可以说是口罩的雏形。1897年，德国病理学家莱德奇发明了纱布口罩。后来有人在口罩内安装铁丝支架，加上带子，现代口罩就这样产生了。口罩可以过滤空气，阻挡部分有害物质进入人的口鼻。在人群密集的地方，或者呼吸道疾病流行时，人们都应戴上口罩。

趣味知识

口罩外层往往沾满空气中的细菌、灰尘等物质，因而不能将里层和外层交替使用。口罩使用过后，应将贴着口鼻的一侧向里折叠，放在清洁的密封袋内，不要随意放置。平时可以多备几个口罩，要注意经常替换。

zhù shè qì

注射器

注射器的发明经历了漫长的过程，它最初的形态类似中国古代的灌肠器。15世纪，意大利人卡蒂内尔提出了注射器的原理。但直到17世纪，人们才进行了注射器的第一次人体试验。1853年，法国人普拉沃兹发明了白银注射器。后来，英国人弗格森将注射器改成玻璃材质，便于观察药物的注射情况。

趣味知识

科学家研制出一种无针注射器，可将药物直接透过皮肤喷射进体内，无需针头，减少了注射时的疼痛。无针注射器的概念是1866年由法国的科学家提出的。1992年，第一支用于胰岛素注射的无针注射器在美国上市。

1
2
3
4
5
mL

tǐ wēn jì
体温计

rén men hěn zǎo jiù zhù yì dào wù tǐ yǒu rè zhàng lěng suō de
人们很早就注意到物体有热胀冷缩的
xiàn xiàng kē xué jiā men yě xī wàng lì yòng zhè ge tè xìng zhì
现象，科学家们也希望利用这个特性，制
zào biǎo shì lěng rè chéng dù de yí qì shì jì jiā lì lüè jù
造表示冷热程度的仪器。16世纪，伽利略据
cǐ yuán lǐ yòng shuǐ hé bō li guǎn zhì zuò le dì yī gè tǐ wēn
此原理，用水和玻璃管制作了第一个体温
jì dàn tā shǐ yòng bú biàn nián dé guó wù lǐ xué jiā
计，但它使用不便。1714年，德国物理学家
huá lún hǎi tè yán zhì le shuǐ yín tǐ wēn jì dàn tā tǐ jī tài
华伦海特研制了水银体温计，但它体积太
dà jīng guò duō cì shì yàn zhí dào nián yīng guó de yī
大。经过多次试验，直到1867年，英国的医
shēng ào ěr bó tè cái yán zhì chū yì zhǒng shí yòng tǐ wēn jì
生奥尔伯特才研制出一种实用体温计。

趣味知识

使用水银体温计时，要先把水银甩回体温计头部（装有水银的一头），或者让水银流到35 ℃刻度以下。把体温计头部夹在腋下5分钟，就能测出人的体温（腋下体温）了。也可以把体温计的头部含在口中测口腔温度，注意不要让体温计破损。

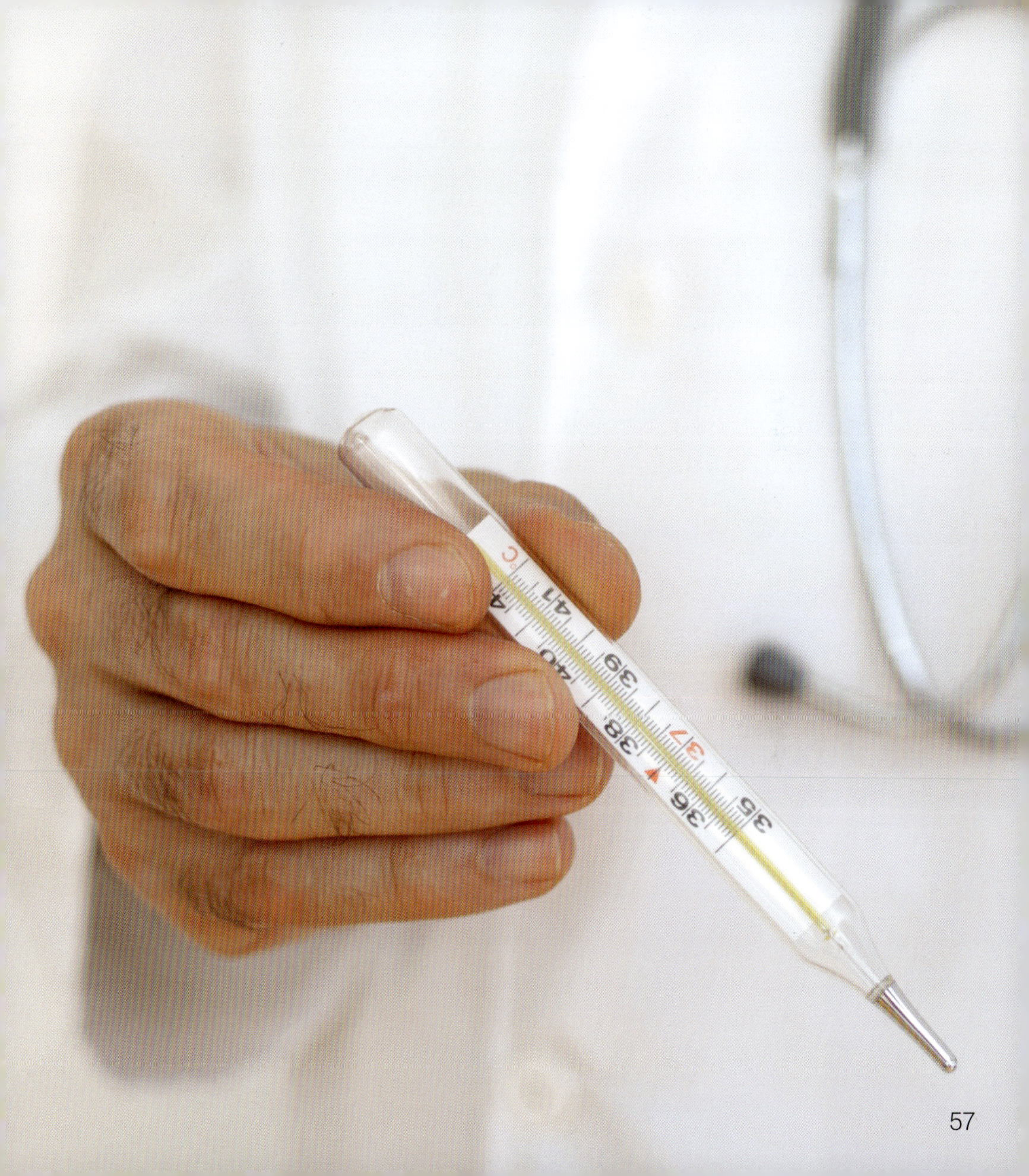
°C
41
40
39
38
37
36
35

miàn bāo
面包

miàn bāo shì yì zhǒng bǎ miàn fěn shuǐ jí qí tā fǔ liào róu
面包是一种把面粉、水及其他辅料揉
hé fā jiào hòu kǎo zhì chéng de shí wù gǔ āi jí rén zuì zǎo
合、发酵后烤制成的食物。古埃及人最早
xué huì zhì zuò fā jiào miàn bāo chuán shuō gōng yuán qián nián zuǒ
学会制作发酵面包。传说公元前2600年左
yòu gǔ āi jí de yí gè nú lì kǎo miàn bǐng shí shuì zháo le
右，古埃及的一个奴隶烤面饼时睡着了，
lú huǒ miè le nú lì xǐng lái fā xiàn shēng miàn bǐng bǐ yuán lái péng
炉火灭了，奴隶醒来发现生面饼比原来膨
zhàng le bèi tā bǎ miàn bǐng fàng zài lú zi lǐ jì xù kǎo
胀了1倍。他把面饼放在炉子里继续烤，
jié guǒ kǎo chū lái de dōng xi yòu sōng yòu ruǎn jīng guò duō cì shì
结果烤出来的东西又松又软。经过多次试
yàn gǔ āi jí rén xué huì le zhì zuò miàn bāo
验，古埃及人学会了制作面包。

趣味知识

世界各地的面包都有自己的特色，外形、口感各不相同：法式长棍面包表皮松脆；荷兰老虎面包表皮上有米糊；丹麦面包味道甜腻；西班牙农夫面包硬而有嚼劲……

kā fēi

咖啡

kā fēi shì yòng kā fēi dòu zhì zuò de yì zhǒng yǐn pǐn jù
咖啡是用咖啡豆制作的一种饮品，具
yǒu tí shén xǐng nǎo cù jìn dài xiè kàng yǎng huà děng gōng xiào
有提神醒脑、促进代谢、抗氧化等功效。
xiāng chuán yǒu wèi mù yáng rén fàng mù shí fā xiàn yáng qún fēi cháng xīng
相传有位牧羊人放牧时，发现羊群非常兴
fèn zǐ xì guān chá hòu fā xiàn yáng chī le yì zhǒng guǒ shí tā
奋，仔细观察后，发现羊吃了一种果实。他
jiāng zhè zhǒng guǒ shí dài huí qù áo zhǔ chéng yǐn pǐn hē xià hòu jué
将这种果实带回去熬煮成饮品，喝下后觉
de shén qīng qì shuǎng hòu lái yuè lái yuè duō rén hē zhè zhǒng yǐn
得神清气爽。后来越来越多人喝，这种饮
pǐn jiù kāi shǐ liú xíng kā fēi yuán chǎn yú fēi zhōu xiàn zài shì
品就开始流行。咖啡原产于非洲，现在世
jiè shàng qì hòu hé shì de dì fang dōu yǒu zhòng zhí
界上气候合适的地方都有种植。

趣味知识

虽然咖啡的好处很多，但也要适量饮用，一般每天饮用一至两杯就可以了。还有一部分人群不适宜喝咖啡：高血压、冠心病、胃病和癌症患者、孕产妇，以及12岁以下的儿童。

yán
盐

yán duì rén lèi de shēng cún zhì guān zhòng yào chuán shuō zài
盐对人类的生存至关重要。传说在
huáng dì shí qī zhōng guó rén jiù yǐ jīng huì cóng hǎi shuǐ zhōng tí qǔ
黄帝时期，中国人就已经会从海水中提取
yán hǎi shuǐ zhì yán de bí zǔ shì sù shā shì xiāng chuán tā fā
盐。海水制盐的鼻祖是夙沙氏，相传他发
xiàn le hǎi shuǐ zhǔ gān hòu liú xià de bái sè fěn mò yǒu xián wèi
现了海水煮干后留下的白色粉末有咸味，
jiā rù zhè zhǒng fěn mò huì shǐ fàn cài de wèi dào biàn de xiān měi
加入这种粉末会使饭菜的味道变得鲜美。
yán bù jǐn néng zēng jiā shí wù de wèi dào hái néng wéi chí rén tǐ
盐不仅能增加食物的味道，还能维持人体
nèi bù yuán sù hán liàng de píng héng duì rén tǐ zǔ zhī qì guān
内部元素含量的平衡，对人体组织、器官
yǒu hěn dà de yǐng xiǎng
有很大的影响。

趣味知识

除了食用，盐还有很多小妙用：将新衣服放在盐水中浸泡，可以防止褪色；新买的碗碟放在盐水中煮一下，以后不容易开裂；冰箱里冷冻的肉，放在盐水中可以快速解冻；若银制品上有污渍，可以先用盐擦拭再清洗，去污效果好。

hàn bǎo bāo

汉堡包

德国汉堡地区有种食物叫作汉堡肉饼，是用剁碎的牛肉跟面粉揉在一起煎烤成的。19世纪，汉堡肉饼传入美国。1932年，有人把汉堡肉饼夹到小圆面包里食用，并给它起名为“汉堡包”。汉堡包美味可口，食用方便，早已成为风靡全球的美食。但是汉堡包的热量很高，含有很多脂肪，不适合长期食用。

趣味知识

20世纪80年代，随着美国的肯德基、麦当劳、德克士等快餐品牌进入亚洲地区，汉堡包也融入了当地美食，并受到亚洲人的喜爱。一般亚洲人习惯在快餐店吃汉堡包，但西方人则把汉堡包当成餐桌上一道普通的菜品。

fāng biàn miàn

方便面

方便面是一种方便、大众化的速食食品，无论是在大型商场还是街头小店，都可以见到它的身影。早在清朝时期，中国就出现了一种类似方便面的“伊府面”。现代的方便面是日本人安藤百福在1958年发明的。因为当时吃拉面要排很长的队，所以他发明了一种经蒸煮、油炸后制成的，放在热水中即可泡软的速食面。

趣味知识

方便面虽然食用起来方便快捷，但热量很高，营养也不全面，所含的蛋白质、矿物质、维生素都很少。另外，方便面中油、盐和添加剂的含量都很高，不利于健康。碗装方便面加热后，泡面碗可能会释放有害物质，更不宜多吃。

kǒu xiāng táng

口香糖

měi guó rén yà dāng sī zài yǔ tā rén jiāo tán shí fā xiàn
美国人亚当斯在与他人交谈时，发现
duì fāng shí bù shí ná chū yí kuài shù jiāo zài zuǐ lǐ jiáo
对方时不时拿出一块树胶在嘴里嚼。1869
nián yà dāng sī qǐng yí wèi yào diàn lǎo bǎn jiāng zhè zhǒng shù jiāo jiā
年，亚当斯请一位药店老板将这种树胶加
gōng chéng yuán qiú zhuàng zhè jiù shì zuì zǎo de kǒu xiāng táng kǒu xiāng
工成圆球状，这就是最早的口香糖。口香
táng zhōng de jiāo jī néng gòu xī fù yá chǐ shàng de wū wù qīng jié
糖中的胶基能够吸附牙齿上的污物，清洁
kǒu qiāng dàn kǒu xiāng táng cháng shí jiān tíng liú zài kǒu zhōng qí zhōng
口腔。但口香糖长时间停留在口中，其中
de táng fèn huì chǎn shēng suān xìng wù zhì fǔ shí yá chǐ yīn cǐ
的糖分会产生酸性物质，腐蚀牙齿，因此
měi cì jǔ jué kǒu xiāng táng de shí jiān bù yí guò cháng
每次咀嚼口香糖的时间不宜过长。

趣味知识

少数人会随地吐口香糖，使口香糖粘在地上难以清理，清理成本还十分高昂。我们要杜绝这种不文明的行为，吃过口香糖后，应用纸将其包好扔到垃圾桶里。

qiǎo kè lì

巧克力

shì jì chū xī bān yá tàn xiǎn jiā kē ěr tè sī yǔ
16世纪初，西班牙探险家科尔特斯与
tàn xiǎn duì lái dào mò xī gē zài jīn pí lì jìn shí yù dào yí
探险队来到墨西哥，在筋疲力尽时遇到一
duì yìn dì ān rén yìn dì ān rén jiāng kě kě dòu niǎn suì zhǔ chéng
队印第安人。印第安人将可可豆碾碎煮成
yǐn liào gěi tā men hē hòu lái kē ěr sī tè bǎ zhè zhǒng yǐn liào
饮料给他们喝。后来科尔斯特把这种饮料
jiā gōng chéng gù tǐ qǔ míng wéi qiǎo kè lì qiǎo kè lì kě
加工成固体，取名为“巧克力”。巧克力可
yǐ shǐ rén xīn qíng shū huǎn jīng shén zhèn fèn shì dàng chī yǒu yì
以使人心情舒缓、精神振奋，适当吃有益
shēn tǐ jiàn kāng dàn shì táng niào bìng huàn zhě yùn chǎn fù ér tóng
身体健康。但是糖尿病患者、孕产妇、儿童
dōu bù yí guò duō shí yòng qiǎo kè lì
都不宜过多食用巧克力。

趣味知识

制作巧克力的可可豆是可可树的果实。可可树最适合在炎热的气候环境下生长，它原产于美洲，现在全世界的热带地区都有种植。一般可可树生长五年左右开始结果，工人们会用长长的剪刀把豆荚剪下来。

jiǎo zi

饺子

jiǎo zi shì zhōng guó de chuán tǒng shí pǐn yǐ jīng yǒu duō
饺子是中国的传统食品，已经有1800多
nián de lì shǐ xiāng chuán yī shèng zhāng zhòng jǐng zài xiè rèn cháng shā
年的历史。相传，医圣张仲景在卸任长沙
tài shǒu gào lǎo huán xiāng de lù shàng jiàn dào xǔ duō pín kǔ bǎi xìng
太守，告老还乡的路上见到许多贫苦百姓
yī bú bì tǐ yǒu xiē rén ěr duo dōu dòng làn le yú shì tā
衣不蔽体，有些人耳朵都冻烂了。于是，他
bǎ yáng ròu hé yì xiē qū hán de yào cái zuò chéng xiàn liào bāo zài
把羊肉和一些驱寒的药材做成馅料，包在
miàn pí lǐ zuò chéng ěr duo de xíng zhuàng jiào jiāo ěr zhǔ
面皮里，做成耳朵的形状，叫“娇耳”，煮
shú hòu gěi bǎi xìng chī bǎi xìng men dòng làn de ěr duo bèi zhì hǎo
熟后给百姓吃。百姓们冻烂的耳朵被治好
le dōng zhì chī jiǎo zi de xí sú yě liú chuán le xià lái
了。冬至吃饺子的习俗也流传了下来。

趣味知识

中国人在春节等传统节日有吃饺子的习俗。常见的饺子馅料分素馅和肉馅。煮饺子时，先把水烧开，再下入饺子，等水再次沸腾时加冷水，素馅饺子加一次冷水就熟了，肉馅饺子需要加三次冷水。

扫一扫 听一听

wén huà yì shù piān

文化艺术篇

suí zhe shēng huó shuǐ píng de tí gāo rén men duì wén
随着生活水平的提高，人们对文
huà yì shù yǒu le gèng duō de jiē chù hé liǎo jiě wén huà
化艺术有了更多的接触和了解，文化
shēng huó yě biàn de gèng jiā fēng fù duō cǎi zài xué xiào
生活也变得更加丰富多彩。在学校，
wǒ men rèn zhēn xué xí gè gè xué kē de zhī shi tí gāo
我们认真学习各个学科的知识，提高
zì jǐ de zhī shi shuǐ píng hé wén huà sù yǎng zài rì cháng
自己的知识水平和文化素养。在日常
shēng huó zhōng wǒ men yě huì xīn shǎng wén xué zuò pǐn hé yǐng
生活中，我们也会欣赏文学作品和影
shì zuò pǐn xué xí gè zhǒng cái yì cān jiā duō zhǒng duō
视作品，学习各种才艺，参加多种多
yàng de wén yì huó dòng lái táo yě qíng cāo zēng zhǎng jiàn
样的文艺活动来陶冶情操、增长见
shi tí shēng zì wǒ
识、提升自我。

màn huà

漫画

16世纪，意大利艺术家达·芬奇在纸上速画了一些夸张、滑稽的画作，这就是早期的漫画。漫画用简单、夸张的绘画来表现具体内容，受到大众的喜爱。漫画有多种形式，有由一幅绘画作品组成的单幅漫画、由四幅绘画作品组成的四格漫画等；从篇幅上分，有短篇漫画、短期集中连载漫画和长篇连载漫画等。

趣味知识

许多生动有趣的漫画作品深受小朋友的喜爱。《哆啦A梦》讲的是大雄与他的朋友机器猫哆啦A梦之间的奇妙故事；《父与子》讲的是一对父子充满童趣的日常生活；《淘气包马小跳》讲的是聪明、调皮的孩子马小跳的成长点滴。

diàn yǐng

电影

diàn yǐng de chū xiàn bù jǐn gěi rén men dài lái hěn duō lè
电影的出现不仅给人们带来很多乐

qù bāng zhù rén men huǎn jiě yā lì táo yě qíng cāo yě ràng rén
趣，帮助人们缓解压力、陶冶情操，也让人

men cóng zhōng dé dào qǐ dí nián yuè rì fǎ guó de
们从中得到启迪。1895年12月28日，法国的

lú mǐ āi ěr xiōng dì zài bā lí de yì jiā kā fēi guǎn fàng yìng le
卢米埃尔兄弟在巴黎的一家咖啡馆放映了

gōng chǎng dà mén huǒ chē jìn zhàn děng yǐng piàn zhè yì tiān bèi
《工厂大门》《火车进站》等影片，这一天被

rèn wéi shì diàn yǐng dàn shēng zhī rì zǎo qī de diàn yǐng shì méi yǒu
认为是电影诞生之日。早期的电影是没有

shēng yīn de bèi chēng wéi mò piàn yǒu shēng diàn yǐng chū xiàn hòu
声音的，被称为“默片”。有声电影出现后，

mò piàn zhú jiàn bèi táo tài
默片逐渐被淘汰。

趣味知识

美国的“奥斯卡金像奖”一直享有盛誉。“奥斯卡”这个名称的来源也有一则小趣事。据说，电影图书馆的管理员觉得奖杯上的塑像很像自己的叔叔奥斯卡，被记者误认为这个奖杯叫作奥斯卡，从此，这个奖项名称便流传开来。

jí tā
吉他

jí tā shì yì zhǒng tán bō yuè qì，yì bān yǒu liù gēn
吉他是一种弹拨乐器，一般有六根
xián。gōng yuán qián liǎng sān qiān nián qián，gǔ āi jí、gǔ bā bǐ lún
弦。公元前两三千年前，古埃及、古巴比伦
hé gǔ bō sī děng dì yǐ jīng chū xiàn lèi sì jí tā de yuè qì。
和古波斯等地已经出现类似吉他的乐器。
jí tā kě fēn wéi diàn jí tā、mín yáo jí tā、fú lā mén gē
吉他可分为电吉他、民谣吉他、弗拉门戈
jí tā、xià wēi yí jí tā hé gǔ diǎn jí tā děng jǐ lèi。diàn
吉他、夏威夷吉他和古典吉他等几类。电
jí tā yì bān yòng yú xiàn dài liú xíng yuè；mín yáo jí tā shì hé
吉他一般用于现代流行乐；民谣吉他适合
tán chàng；gǔ diǎn jí tā zhǔ yào yòng yú yǎn zòu gǔ diǎn yīn yuè，
弹唱；古典吉他主要用于演奏古典音乐，
shì hé dú zòu。
适合独奏。

趣味知识

学习吉他，可以提高我们对音乐的鉴赏能力，锻炼手指的灵活度，提升听力和注意力，还可以帮助我们调节情绪，保持身心健康。

tú shū guǎn

图书馆

tú shū guǎn shì sōu jí zhěng lǐ shōu cáng tú shū gōng rén
图书馆是搜集、整理、收藏图书，供人
yuè dú hé jiè yuè de jī gòu gōng yuán qián nián zuǒ yòu jiù
阅读和借阅的机构，公元前3000年左右就
yǐ jīng yǒu tú shū guǎn wèi yú měi suǒ bù dá mǐ yà píng yuán de
已经有图书馆。位于美索不达米亚平原的
yà shù bā ní bá tú shū guǎn shì shì jiè shàng zuì zǎo de tú shū
亚述巴尼拔图书馆，是世界上最早的图书
guǎn lǐ miàn de tú shū shì ní bǎn zhì zuò de hěn duō dōu bǎo
馆，里面的图书是泥版制作的，很多都保
cún dào le xiàn zài zhōng guó gǔ dài yě yǒu xǔ duō tú shū guǎn
存到了现在。中国古代也有许多图书馆，
lì rú liǎng hàn shí qī de shí qú gé sòng cháo de chóng wén yuàn
例如两汉时期的石渠阁、宋朝的崇文院、
qīng cháo de sì kù qī gé děng děng
清朝的四库七阁等等。

趣味知识

图书馆是公共场所，进入图书馆要保持安静，不能大声喧哗、追逐打闹；要爱护书籍和公共财物，不能损坏、私藏书籍；要保持图书馆的清洁，不要乱扔垃圾；不要携带易燃易爆品进入。

dì tú

地图

dì tú shì yòng xiàn tiáo yán sè wén zì fú hào děng lái
地图是用线条、颜色、文字、符号等来
biǎo shì mǒu gè dì qū de dì lǐ xìn xī huò shè huì zhuàng kuàng děng de
表示某个地区的地理信息或社会状况等的
tú xíng zǎo qī de dì tú yì bān kè zài shí bǎn shàng huò huà zài
图形。早期的地图一般刻在石板上或画在
yáng pí zhǐ shàng xiàn zài néng kàn dào de zuì zǎo de dì tú shì dà
羊皮纸上。现在能看到的最早的地图是大
yuē nián qián de gǔ bā bǐ lún dì tú kè zài táo piàn shàng
约4 500年前的古巴比伦地图，刻在陶片上。
xiàn dài dì tú shàng zhǐ shì de fāng xiàng dōu shì shàng běi xià nán
现代地图上指示的方向，都是上北、下南、
zuǒ xī yòu dōng àn zhào zhǐ shì de qū yù fēn lèi dì tú kě
左西、右东。按照指示的区域分类，地图可
yǐ fēn wéi shì jiè dì tú guó jiā dì tú shěng qū dì tú děng
以分为世界地图、国家地图、省区地图等。

趣味知识

现在的地图已经不局限于纸质的了，不仅有电子地图，还出现了和声音、定位技术结合的导航地图。导航地图不仅能标示出我们所在的位置，还能根据目的地为我们设定路线，并能用语音指导我们前进或转弯。

zì diǎn

字典

zì diǎn shì yòng yú chá zhǎo zì hé zì de dú yīn shì
字典是用于查找字和字的读音、释
yì yòng fǎ děng de shū zì diǎn zhōng yě huì shōu lù shǎo liàng de
义、用法等的书。字典中也会收录少量的
cí zhōng guó zuì zǎo de zì diǎn shì dōng hàn xǔ shèn de shuō wén
词。中国最早的字典是东汉许慎的《说文
jiě zì zhè běn shū gòng fēn gè bù shǒu bìng yòng bù shǒu biān
解字》。这本书共分540个部首，并用部首编
pái jiǎn suǒ nián kāng xī zì diǎn wèn shì cǐ hòu
排检索。1716年，《康熙字典》问世。此后，
zhè lèi duì dān gè zì jìn xíng jiě shì de gōng jù shū dōu jiào zuò
这类对单个字进行解释的工具书都叫作
zì diǎn zhōng guó dì yī bù xiàn dài hàn yǔ zì diǎn shì
“字典”。中国第一部现代汉语字典是1957
nián chū bǎn de xīn huá zì diǎn
年出版的《新华字典》。

趣味知识

第一部英汉对照的字典是1815年马礼逊编写的《华英字典》。马礼逊是来自英国的传教士，他在伦敦的时候曾跟一名中国人学习汉语。来到中国澳门后，为了进行翻译工作，他编写了《华英字典》。

English
course
English
course
Curso de
Español
Cours de
Français
Deutsch
Kurs
laptop
love amor amour
mother madre mere
father padre pere
friend amigo ami
home casa maison

suàn pán

算盘

suàn pán shì zhōng guó rén fā míng de yì zhǒng jì suàn gōng jù
　　算盘是中国人发明的一种计算工具，
lì shǐ jiǔ yuǎn zài běi sòng míng huà qīng míng shàng hé tú zhōng
历史久远。在北宋名画《清明上河图》中，
jiù huà zhe yí gè bǎi zài yào pù guì tái shàng de suàn pán suàn pán
就画着一个摆在药铺柜台上的算盘。算盘
chéng běn dī lián yì yú zhì zuò yùn suàn zhǔn què kuài sù fāng
成本低廉，易于制作，运算准确、快速、方
biàn yú shì zhú jiàn liú chuán dào le cháo xiǎn rì běn jí dōng nán
便，于是逐渐流传到了朝鲜、日本及东南
yà de yì xiē guó jiā jí shǐ zài diàn zǐ jì shù fā dá de jīn
亚的一些国家。即使在电子技术发达的今
tiān hěn duō dì fang yě réng zài shǐ yòng suàn pán gè háng gè yè
天，很多地方也仍在使用算盘，各行各业
dōu yǒu shàn cháng shǐ yòng suàn pán de rén
都有擅长使用算盘的人。

趣味知识

算盘是中国人智慧的产物。学会使用算盘，不仅仅增加了一项技能，还能锻炼思维能力、运算能力。使用算盘，需要手指、大脑和眼睛密切配合，有利于锻炼大脑、开发智力。

pǔ tōng huà
普通话

pǔ tōng huà shì xiàn dài biāo zhǔn hàn yǔ shì zhōng guó quán guó
普通话是现代标准汉语，是中国全国
tōng yòng de yǔ yán pǔ tōng huà yǐ běi fāng guān huà wéi jī chǔ
通用的语言。普通话以北方官话为基础，
yīn diào fēn míng jié zòu shùn chàng shì hé rì cháng jiāo liú yǎn
音调分明，节奏顺畅，适合日常交流、演
jiǎng guǎng bō děng zhōng guó gè dì fāng yán fā yīn dōu bù tóng
讲、广播等。中国各地方言发音都不同，
rú guǒ méi yǒu pǔ tōng huà bù tóng dì fang de rén jiù nán yǐ
如果没有普通话，不同地方的人就难以
shùn chàng de gōu tōng pǔ tōng huà fāng biàn le rén yǔ rén zhī jiān de
顺畅地沟通。普通话方便了人与人之间的
jiāo liú zhǎng wò pǔ tōng huà duì wǒ men ér yán shì zhì guān zhòng
交流。掌握普通话对我们而言是至关重
yào de
要的。

趣味知识

中国一直在大力推广普通话，周恩来总理在1958年的报告中就指出：“推广普通话，是为了消除方言之间的隔阂。”每年9月的第三周是全国推广普通话宣传周，每年的宣传周都有类似“推广普通话，方便你我他”这样的主题。

普通话

报纸

报纸是一种面向公众、定期发行的纸质出版物，内容以新闻和时事评论为主。早期的报纸不是纸质印刷品，各方面都跟现代报纸差别很大。公元前60年，古罗马政治家恺撒将国家事件写在木板上以告知民众，这是西方最古老的报纸。中国最早的报纸是汉代的邸报。定期发行的报纸于1609年首先出现在德国。

趣味知识

15世纪，德国出现了一种新闻传单，一张纸上只有一条印刷上去的新闻，这是现代报纸的起源。1615年创刊的《法兰克福新闻》，每张纸上印有多条新闻，有固定的发行时间，被当作第一份真正意义上的报纸。

shū diàn

书店

zhōng guó de shū diàn zuì zǎo chū xiàn zài hàn dài jiào zuò shū
中国的书店最早出现在汉代，叫作书
sì dāng shí yìn shuā shù hái méi yǒu bèi fā míng chū lái suǒ yǒu
肆。当时印刷术还没有被发明出来，所有
de shū dōu shì shǒu xiě de měi běn dōu shì dú yī wú èr de
的书都是手写的，每本都是独一无二的。
gè gè cháo dài de shū diàn jiào fǎ dōu bù xiāng tóng yǒu shū pù
各个朝代的书店叫法都不相同，有书铺、
shū lín shū táng shū wū shū péng shū jí pù děng yě yǒu
书林、书堂、书屋、书棚、书籍铺等。也有
de shū diàn yǒu jù tǐ míng hào rú hóng yùn lóu dāng wén
的书店有具体名号，如“鸿运楼”“当文
táng chóng wén gé yǎng zhèng zhāi děng shū diàn zhè ge míng
堂”“崇文阁”“养正斋”等。“书店”这个名
chēng shì qīng dài qián lóng nián jiān cái yǒu de
称，是清代乾隆年间才有的。

趣味知识

现在有很多新型的书店，它们不像传统书店那样，只有书、书架和收银台，而是将书、咖啡、烘焙、音乐等元素融合在一起。读者可以一边看书，一边品尝咖啡和甜品。书店还会不定期地举行读书讨论会、小型音乐会等。

扫一扫 听一听

tiān wén kē jì piān
天文科技篇

tiān wén kē jì de kuài sù fā zhǎn gěi rén lèi
天文科技的快速发展，给人类

de shēng huó dài lái le jù dà de biàn huà gǔ shí hou
的生活带来了巨大的变化。古时候，

rén men duì zhe xīng kōng hé yuè liang biān zhī le yí gè gè
人们对着星空和月亮编织了一个个

měi lì de shén huà xiàn zài rén lèi yǐ jīng néng gòu dēng shàng
美丽的神话。现在人类已经能够登上

yuè qiú gè zhǒng fēi xíng qì yě fēi xiàng le yáo yuǎn de yǔ
月球，各种飞行器也飞向了遥远的宇

zhòu wǒ men yǒu le shǒu jī diàn nǎo hù lián wǎng kě
宙。我们有了手机、电脑、互联网，可

yǐ shí shí fā sòng xìn xī hái néng shì pín tōng huà wǎng
以实时发送信息，还能视频通话、网

shàng gòu wù shēng huó gèng jiā biàn jié le zhè yí qiè dōu
上购物，生活更加便捷了。这一切都

dé yì yú kē xué jì shù de fā zhǎn
得益于科学技术的发展。

yǔ zhòu
宇宙

现在普遍认为，宇宙诞生于一场大爆炸。与我们通常所说的爆炸不同，宇宙大爆炸指的是宇宙由一个密度极大、温度极高的状态不断膨胀的过程。我们生活的地球只是宇宙中一个小小的天体。地球位于太阳系，而银河系中有大约1 000亿个类似太阳系的星系，宇宙中又有至少上千亿个类似银河系的星系。

趣味知识

在相当长的一段时间内，人们都认为地球是宇宙的中心，太阳和星星都围着地球转，直到波兰的天文学家哥白尼在1543年出版的《天体运行论》中提出了日心说，指出地球绕着太阳运行。日心说是天文史上一场重大的变革，标志着自然科学迈向了新的时代。

dì qiú
地球

dì qiú dàn shēng yú dà yuē yì nián qián zuì chū yí
地球诞生于大约46亿年前。最初，一
gè xīng yún zhōng de qì tǐ hé chén āi yā suō xíng chéng kuài zhuàng tiān
个星云中的气体和尘埃压缩形成块状天
tǐ zhè ge tiān tǐ tōng guò yǔ qí tā tiān tǐ pèng zhuàng róng hé
体，这个天体通过与其他天体碰撞融合，
tǐ jī bú duàn biàn dà hòu lái yòu kào yǐn lì xī yǐn zhōu wéi wù
体积不断变大，后来又靠引力吸引周围物
zhì xíng chéng le yuán shǐ de dì qiú yuán shǐ dì qiú yōng yǒu hěn
质，形成了原始的地球。原始地球拥有很
gāo de wēn dù qì tǐ cóng dì qiú nèi bù pēn chū zhú bù xíng
高的温度，气体从地球内部喷出，逐步形
chéng dà qì céng shuǐ zhēng qì dài lái de dà liàng yǔ shuǐ huì jí chéng
成大气层。水蒸气带来的大量雨水汇集成
yuán shǐ de hǎi yáng
原始的海洋。

趣味知识

地球是目前已知唯一有生命存在的星球，是人类唯一的家园。在30多亿年前，地球上出现了原核生物。经过几十亿年的进化发展，现在地球上的生物非常繁盛。

星座

很久以前，人们把星空划分成许多区域，每一个区域就是一个星座。不同文明划分的星座不相同，但是一些比较明亮、容易辨认的星星组成的星座，大致都是相同的。为了方便研究，1928年，国际天文学联合会把全天划分成88个星座，并将其划分成北天拱极星座、北天星座、黄道十二星座、赤道带星座和南天星座五大区域。

趣味知识

公元前1000年左右，古巴比伦人就已经将星空划分成30个星座。公元2世纪，古希腊天文学家托勒密结合古巴比伦星座和当时的天文研究，编制了古希腊星座表，包含48个星座。现代星座多由古希腊星座演变而来。

wàng yuǎn jìng
望远镜

wàng yuǎn jìng kě yǐ jiāng yuǎn chù de wù tǐ fàng dà shǐ qí
望远镜可以将远处的物体放大，使其
zài shì yě zhōng biàn de qīng xī nián hé lán yǎn jìng shāng hàn
在视野中变得清晰。1608年，荷兰眼镜商汉
sī lì bó xī zhì zào le dì yī jià wàng yuǎn jìng nián
斯·利伯希制造了第一架望远镜。1609年，
yì dà lì tiān wén xué jiā jiā lì lüè fā míng le bèi shuāng jìng wàng
意大利天文学家伽利略发明了40倍双镜望
yuǎn jìng bìng yòng yú tiān wén guān cè zài rì cháng shēng huó zhōng wǒ
远镜，并用于天文观测。在日常生活中，我
men shǐ yòng de shì guāng xué wàng yuǎn jìng tiān wén xué yán jiū zhōng shǐ
们使用的是光学望远镜。天文学研究中使
yòng de shì tiān wén wàng yuǎn jìng bāo kuò shè diàn wàng yuǎn jìng hóng
用的是天文望远镜，包括射电望远镜、红
wài wàng yuǎn jìng děng
外望远镜等。

趣味知识

一天，两个小孩子拿着几块透镜在汉斯·利伯希的商店门前玩，他们通过两块透镜看到了远处教堂上的风标，非常兴奋。这一幕吸引了利伯希，他发现两块透镜放在一起可以看清远处的物体。经过多次试验，他终于发明了望远镜。

激光

激光是20世纪人类的重大发明，被称为“最亮的光”“最准的尺”和“最快的刀”。早在1916年，美国物理学家爱因斯坦就发现了激光的原理。直到1960年，激光才首次被制造出来。普通的光朝着四面八方发射，而激光是朝着一个方向发射的。激光的亮度极高，是太阳光亮度的几百亿倍，能量密度也特别大。

趣味知识

激光的应用范围特别广。在工业上，有激光切割、激光焊接等技术；在医学上，激光可以用于治疗各种血管性皮肤病、瘢痕、近视等；在军事上，激光可以制作激光武器；在生活中，激光可以用于光纤通信、条形码扫描等。

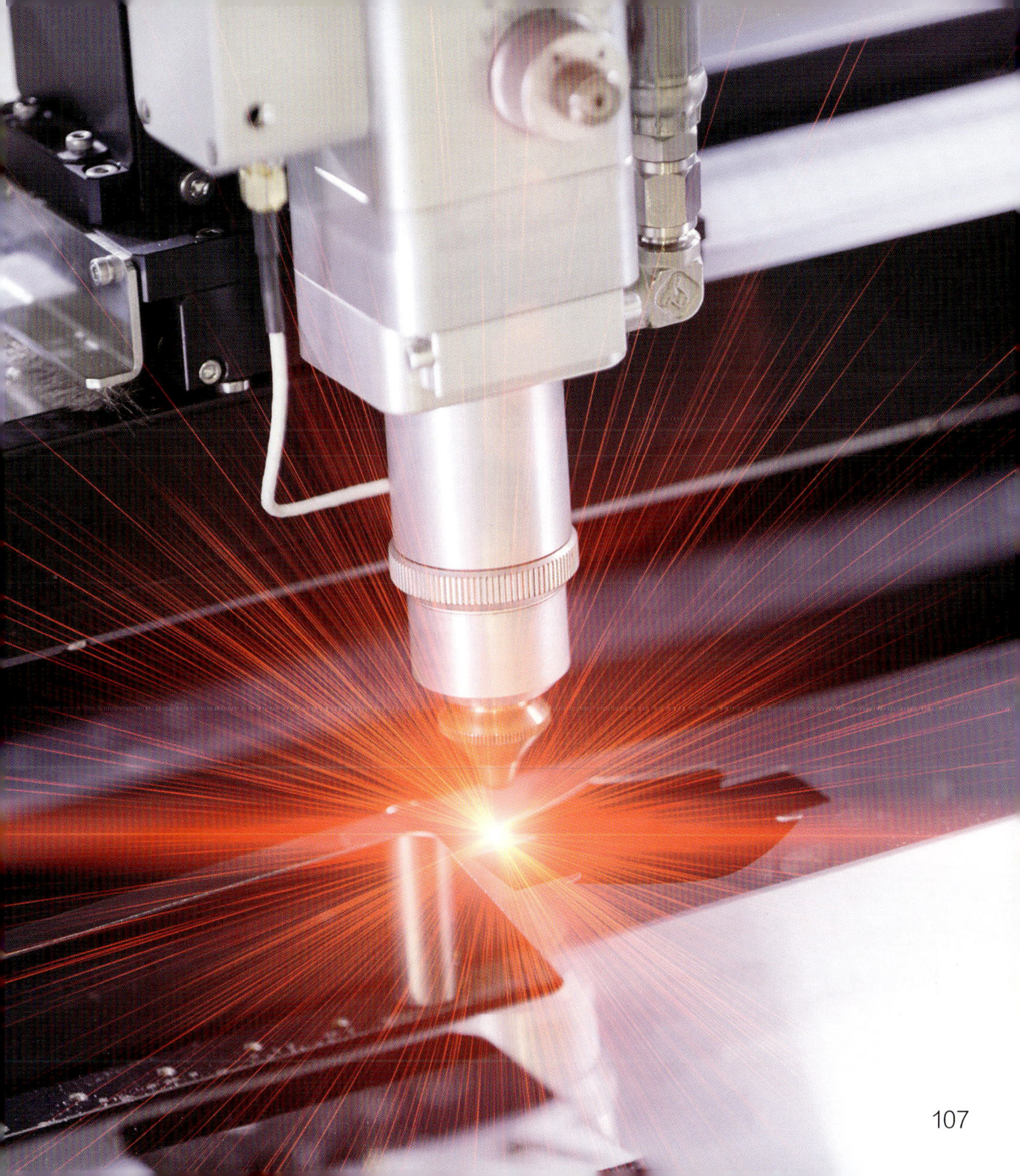

jī qì rén

机器人

zǎo zài shàng qiān nián qián rén lèi jiù kāi shǐ cháng shì zhì zào
早在上千年前，人类就开始尝试制造
lèi sì rén de jī qì yòng yǐ tì dài rén lèi gōng zuò xiàn cún
类似人的机器，用以替代人类工作。现存
zuì zǎo de jī qì rén zhì zuò yú duō nián qián shōu cáng yú ruì
最早的机器人制作于200多年前，收藏于瑞
shì shì yí gè zhōng biǎo jiàng zhì zuò de huì tán zòu yuè qì de wán
士，是一个钟表匠制作的会弹奏乐器的玩
ǒu xiàn dài jī qì rén kě yǐ xié zhù huò zhě tì dài rén lèi gōng
偶。现代机器人可以协助或者替代人类工
zuò yóu qí shì yì xiē wēi xiǎn de gōng zuò xiàn dài jī qì rén
作，尤其是一些危险的工作。现代机器人
de zhǒng lèi hěn duō bǐ rú yǒu gōng yè jī qì rén shuǐ xià jī
的种类很多，比如有工业机器人、水下机
qì rén yī liáo jī qì rén jūn yòng jī qì rén děng
器人、医疗机器人、军用机器人等。

趣味知识

2008年7月15日，5个奥运福娃机器人被安放在北京首都机场，迎送来往的宾客。福娃机器人会用12国语言问候旅客，还可以与旅客进行简单的中英文交流，为候机的旅客讲故事、表演舞蹈，并为旅客提供各种引导服务。

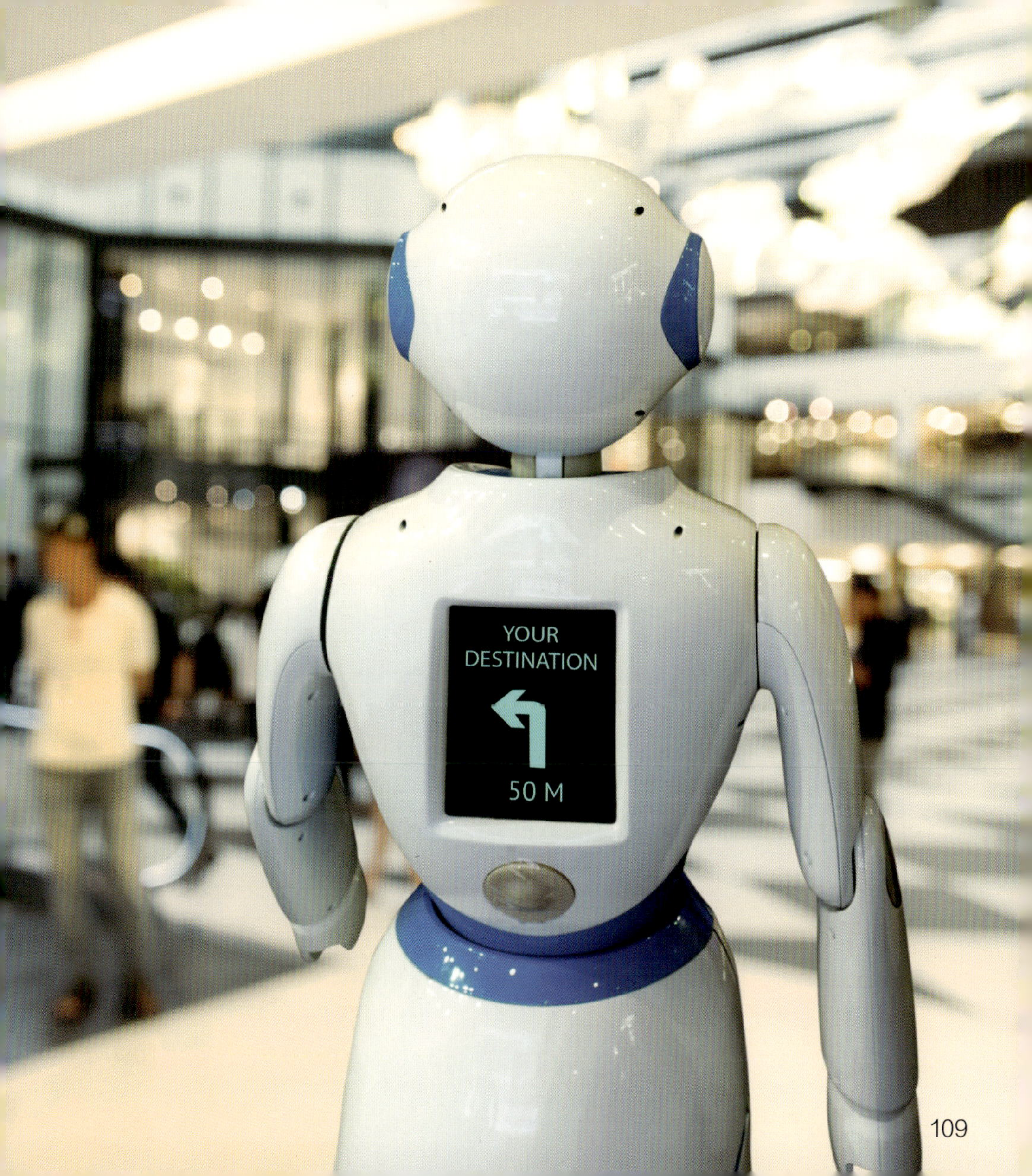
YOUR
DESTINATION
50 M

显微镜

荷兰人詹森发现，用两块间隔一定距离的透镜，能使看到的物体被放大很多倍。利用这个原理，他在1590年制造出显微镜。显微镜可以使人观察到那些原本人眼看不到的微生物、细胞等。医院用显微镜检查患者的细胞变化、体液变化，工业上也需要用显微镜检查精细零件，刑侦人员也会用显微镜观察微观的犯罪痕迹。

趣味知识

显微镜是一种精密的仪器，必须经常进行养护。显微镜要放在干燥的地方，并在附近放一两袋硅胶作为干燥剂，不然镜片容易生霉。灰尘、砂粒也会影响镜片的使用，要经常给镜片清洁除尘。不要随意挪动显微镜，还要避免尖锐的物体碰到显微镜。

jì suàn jī

计算机

jì suàn jī de fā míng shì kē jì fā zhǎn shǐ shàng de lǐ
计算机的发明，是科技发展史上的里
chéng bēi jù yǒu zhòng dà yì yì shì jiè shàng dì yī tái tōng yòng
程碑，具有重大意义。世界上第一台通用
jì suàn jī dàn shēng yú nián yuè tā yǒu liǎng sān jiān jiào shì
计算机诞生于1946年2月，它有两三间教室
nà me dà zhòng duō dūn měi miǎo kě yǐ jìn xíng cì jiā
那么大，重30多吨，每秒可以进行5 000次加
fǎ yùn suàn yòng rén gōng jì suàn xū yào jǐ gè yuè shèn zhì shù shí
法运算。用人工计算需要几个月甚至数十
nián cái kě yǐ suàn chū de wèn tí rú jīn yòng jì suàn jī jǐ
年才可以算出的问题，如今用计算机，几
fēn zhōng jiù kě yǐ wán chéng xiàng wèi xīng guǐ dào jì suàn zhè lèi fù
分钟就可以完成。像卫星轨道计算这类复
zá de wèn tí dōu xū yào jiè zhù jì suàn jī jiě jué
杂的问题，都需要借助计算机解决。

趣味知识

计算机的出现改变了人类传统的生活、工作方式，使人们获得更多的信息和资源，但也带来了一些负面影响，例如，人们习惯了打字，写字机会变少，很多人提笔忘字，还有各种新型的网络犯罪也让人防不胜防。

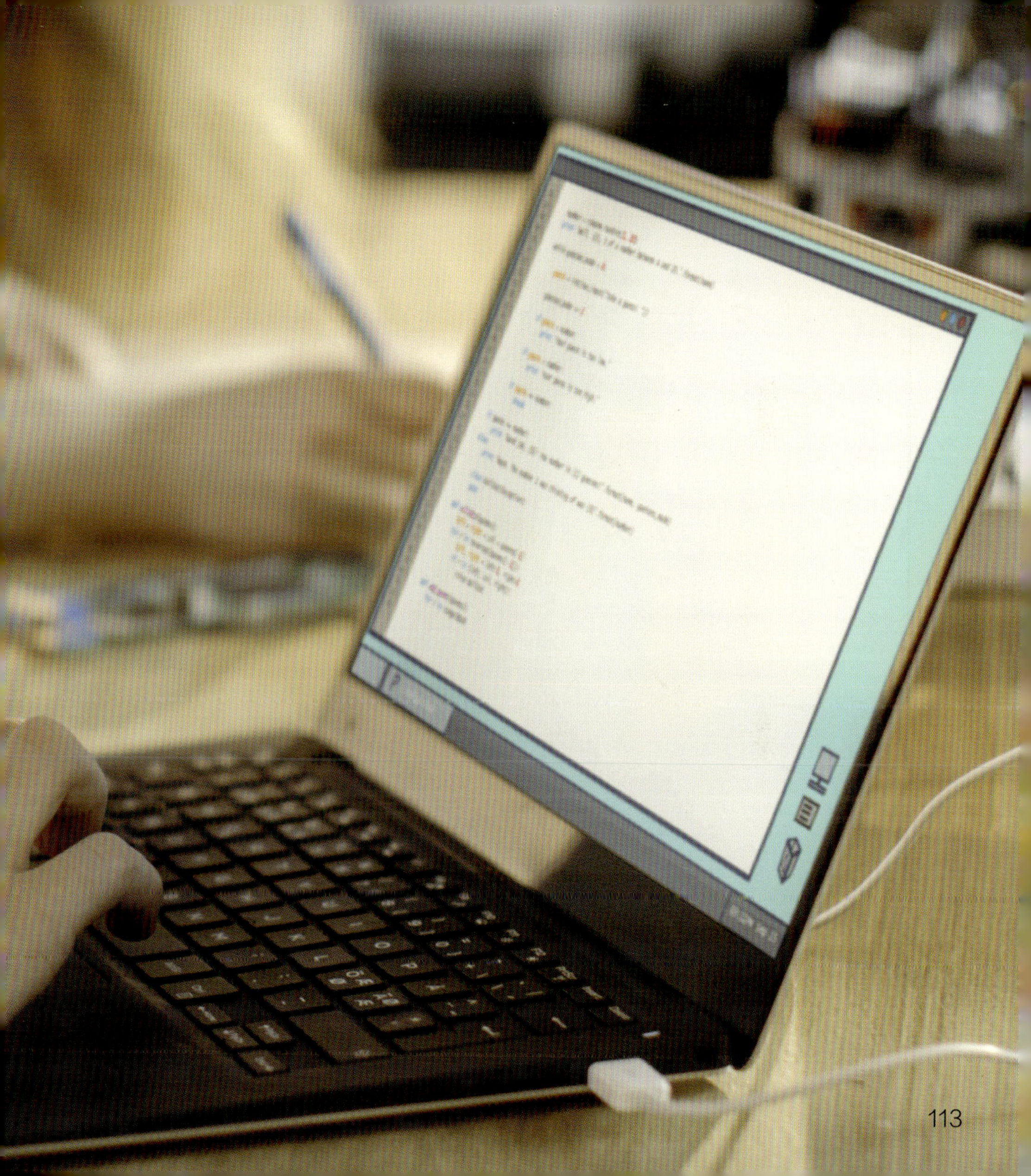

hù lián wǎng

互联网

随着计算机技术的发展，全球的网络互相连接在一起，称为“互联网”，也叫“因特网”。互联网是从1969年开始使用的，最初是美国的加利福尼亚大学洛杉矶分校、斯坦福大学研究学院、加利福尼亚大学、犹他州大学的四台计算机进行连接，之后越来越多的学校和机构加入进来，逐步发展为今天的互联网。

趣味知识

互联网的应用很广泛，给人们的生活提供了很大的便利。借助互联网，人们可以与其他地方的人建立社交，随时随地发送邮件、聊天等，还可以利用网络的共享资源，查阅信息、玩游戏、听音乐。现在网上购物也非常普遍。

物联网

物联网就是将各种物体或过程通过互联网等技术连接起来。1995年，比尔·盖茨的《未来之路》一书就提及了物联网的理念。2005年，在突尼斯举行的信息社会世界峰会上，物联网概念被正式提出。以车来举例，所有车辆的信息都被联网储存，每一辆车的型号、位置、行驶路线都能被管理人员查出来。

趣味知识

物联网将人们生活中的事物与网络连接在一起，给人们带来了很多方便。在网购时，人们能查到快递经过的地点、配送员的姓名和联系方式。就连在餐厅吃饭时，人们也可以通过扫码获取食材产地、采摘日期、运送路径等信息。

Status
ONLINE
Temp
27.51
°C
a few seconds ago
Humidity
38.75
%RH
a few seconds ago
Pressure
100245
a few seconds ago
Light

扫一扫 听一听

zhèng zhì jūn shì piān

政治军事篇

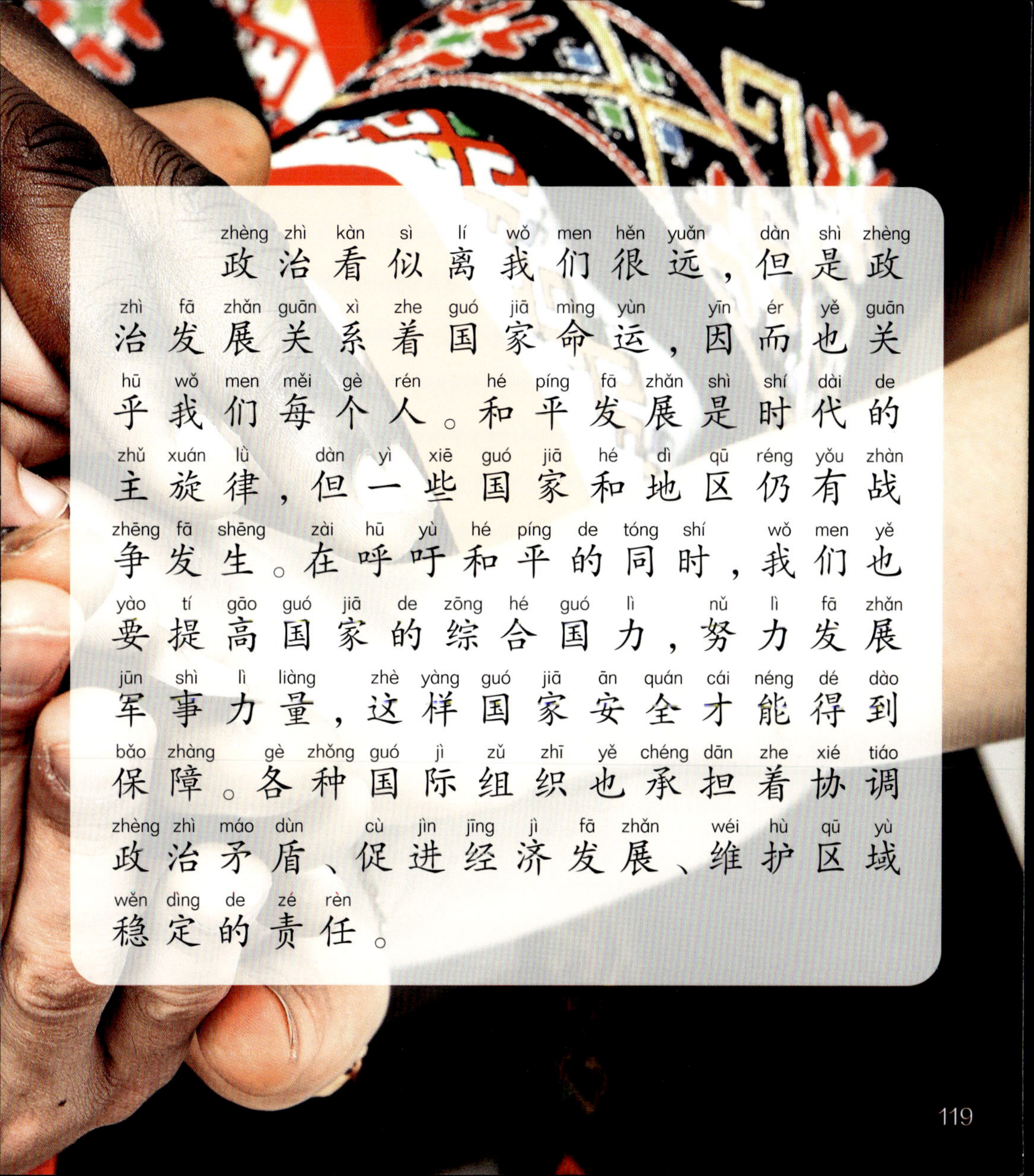

政治看似离我们很远，但是政治发展关系着国家命运，因而也关乎我们每个人。和平发展是时代的主旋律，但一些国家和地区仍有战争发生。在呼吁和平的同时，我们也要提高国家的综合国力，努力发展军事力量，这样国家安全才能得到保障。各种国际组织也承担着协调政治矛盾、促进经济发展、维护区域稳定的责任。

zhèng fǔ

政府

zhèng fǔ shì guó jiā quán lì de zhí xíng jī guān zhèng fǔ
政府是国家权力的执行机关。“政府”
yì cí xiāng dāng yú táng sòng shí qī zhèng shì táng hé sòng cháo
一词，相当于唐宋时期“政事堂”和宋朝
èr fǔ de hé chēng zhèng fǔ de zhí zé hěn duō bāo kuò tí
“二府”的合称。政府的职责很多，包括提
gāo guó mín shēng chǎn néng lì gǔ lì chuàng xīn chuàng zào cù jìn shè
高国民生产能力，鼓励创新创造，促进社
huì jìn bù shí shī chéng xiāng guī huà kòng zhì wū rǎn bǎo hù shēng
会进步，实施城乡规划，控制污染、保护生
tài huán jìng tuī guǎng xī shōu mín jiān xiān jìn de kē xué jì shù hé
态环境，推广吸收民间先进的科学技术和
jīng yàn jiǎn pín fú pín fáng pín jiā qiáng guó fáng jiàn shè wéi
经验，减贫、扶贫、防贫，加强国防建设，维
hù guó jiā ān quán yǔ zhǔ quán děng
护国家安全与主权等。

趣味知识

世界各国政府都有各自专门的办公地点，如中国的中南海、美国的白宫、俄罗斯的克里姆林宫、法国的爱丽舍宫、英国的白金汉宫、韩国的青瓦台、意大利的基吉宫、荷兰的阿姆斯特丹皇宫……

hé píng gē

和平鸽

鸽子被公认为和平的象征，这源自画家毕加索的一幅画。1940年的一天，一位老人敲开了毕加索的家门。老人手里捧着一只死去的鸽子，对毕加索说：“法西斯打死了我的孙子，还把我孙子养的鸽子杀死了。请您给我画一只鸽子，纪念我的孙子吧。”悲愤的毕加索画出了一只飞翔的鸽子，这就是和平鸽的雏形。

趣味知识

作为和平的使者，和平鸽在很多重大场合中都出现过。2019年10月1日，在北京天安门广场举行的庆祝中华人民共和国成立70周年大会上，就放飞了7万只和平鸽。这些和平鸽都是从北京的养鸽爱好者手中征集的，仪式结束后会自己飞回家。

lián hé guó
联合国

联合国是于1945年10月24日成立的国际组织，总部设在美国纽约，目前有190多个会员国，5个常任理事国。联合国致力维护世界和平，解决地方冲突，改善贫苦人民的生活，促进各国经济、文化、科学等方面的交流合作，促进对于人权和基本自由的尊重。联合国的经费来自会员国的会费和捐款。

趣味知识

联合国的正式徽记，是一个从北极上方看的世界地图，白色表示陆地，蓝色表示海洋。地图周围是两支橄榄枝围成的圆环。因为南极洲是全人类共同保护之地，不属于任何一个国家，所以徽记上的地图没有南极洲。

huǒ yào
火药

huǒ yào shì zhōng guó gǔ dài de sì dà fā míng zhī yī yǐ
火药是中国古代的四大发明之一，已
jīng yǒu duō nián de lì shǐ huǒ yào de fā míng yǔ gǔ dài
经有1 000多年的历史。火药的发明与古代
de liàn dān jiā yǒu hěn dà guān xì zuì gǔ lǎo de huǒ yào shì hēi
的炼丹家有很大关系。最古老的火药是黑
huǒ yào qí zhǔ yào chéng fèn yě shì liàn dān cháng yòng de wù zhì
火药，其主要成分也是炼丹常用的物质，
yīn ér liàn dān shí jīng cháng huì zháo huǒ hé bào zhà yòng huǒ yào zhì
因而炼丹时经常会着火和爆炸。用火药制
zuò de wǔ qì zuì zǎo chū xiàn zài táng cháo shì jì huǒ
作的武器最早出现在唐朝。12—13世纪，火
yào jīng guò ā lā bó dì qū chuán dào ōu zhōu jīng ōu zhōu rén gǎi
药经过阿拉伯地区传到欧洲，经欧洲人改
liáng hòu zhì zuò chéng gèng xiān jìn de wǔ qì
良后，制作成更先进的武器。

趣味知识

隋唐时期，人们用火药作为主要原料，制作出烟花。烟花常用于盛大的活动或庆典中，在除夕、元旦这样的节日，中国人也会燃放烟花爆竹，以此辞旧迎新、祈福避灾。但烟花是易燃易爆品，要小心存放和使用。

zhǐ nán zhēn

指南针

zǎo zài zhàn guó shí qī zhōng guó jiù yǒu le zhǐ nán gōng jù
早在战国时期，中国就有了指南工具
sī nán dàn shì sī nán bú yì zhì zào qiě tǐ jī jiào dà
“司南”，但是司南不易制造且体积较大，
yú shì rén men yòu mō suǒ zhì zào chū zhǐ nán yú hé tǐ jī gèng
于是人们又摸索制造出指南鱼和体积更
xiǎo zhǐ xiàng jīng dù gèng gāo de zhǐ nán zhēn yì kāi shǐ zhǐ nán
小、指向精度更高的指南针。一开始，指南
zhēn bèi yòng yú jì sì zhān bǔ fēng shuǐ jūn shì děng fāng miàn
针被用于祭祀、占卜、风水、军事等方面。
dào le běi sòng shí qī zhǐ nán zhēn bèi yòng yú háng hǎi zhōng guó
到了北宋时期，指南针被用于航海。中国
shì zuì zǎo jiāng zhǐ nán zhēn yìng yòng yú háng hǎi shì yè de guó jiā
是最早将指南针应用于航海事业的国家。

趣味知识

指南针经过阿拉伯地区传入欧洲后，极大地推动了欧洲航海事业的发展，促进了各国之间的交流，影响了人类文明的进程。在开辟新航路、发现新大陆，以及人类首次环球航行的过程中，指南针都发挥着巨大的作用。

E
SE
S
SW
W
NW
N
NE

头盔

头盔是用来保护头部的装备。人们在某些交通运输、体育运动中，军人训练、作战时，以及工业作业时，都要用到头盔。远古时期，原始人在捕猎和打斗时，就学会用椰子壳、乌龟壳保护头部。目前我国发现的最早的头盔是商代的，有皮制的，也有青铜制的。现在的头盔材质多样，用途广泛，有的还装有耳机、话筒。

趣味知识

工业生产时用到的头盔又称作“安全帽”。安全帽一般重量轻、透气性好。当有物体坠落砸中头部时，安全帽会通过变形等方式起到缓冲作用，吸收大部分的冲击力，对作业人员的头部起到良好的保护作用。

gōng jiàn

弓箭

弓箭一般用于打仗和狩猎，是一种射程远、威力大的武器。旧石器时代，原始人类用磨制的石块、削尖的木头投射猎物。后来他们发现弯曲的木头复原时会产生较大的力量，于是制作出弓箭。弓箭可以分为牛角弓、复合弓和滑轮弓三大类。牛角弓是用牛角、牛筋等材料制作的，另外两种弓是用现代材料制作的。

趣味知识

唐宋时期，民间就经常开展各种射箭活动，庙会上也经常有射箭比赛和表演。历代宫廷都将射箭作为学习的项目之一，清代的帝王每年还会组织围猎。现代射箭运动也取得了蓬勃的发展。1972年，奥运会恢复了射箭项目。

shǒu qiāng

手枪

shǒu qiāng shì yì zhǒng biàn yú xié dài kě jìn jù lí shā shāng
手枪是一种便于携带、可近距离杀伤
mù biāo de wǔ qì shǒu qiāng de chú xíng yuē chū xiàn yú shì jì
目标的武器。手枪的雏形约出现于14世纪，
jī hū tóng shí zài zhōng guó hé pǔ lǔ shì dàn shēng zhōng guó de shǒu
几乎同时在中国和普鲁士诞生。中国的手
qiāng jiào zuò shǒu chòng shǒu chòng nèi yǒu huǒ yào yǐn xiàn xì tiě
枪叫作手铳。手铳内有火药、引线、细铁
wán diǎn rán yǐn xiàn huǒ yàn hé tiě wán jiù huì cóng chòng kǒu shè
丸，点燃引线，火焰和铁丸就会从铳口射
xiàng dí rén pǔ lǔ shì de shì yì zhǒng diǎn huǒ qiāng yǐn rán huǒ
向敌人。普鲁士的是一种点火枪，引燃火
yào hòu kě jìn xíng shè jī zuǒ lún shǒu qiāng hé zì dòng shǒu qiāng de
药后可进行射击。左轮手枪和自动手枪的
fā míng shì xiàn dài shǒu qiāng dàn shēng de biāo zhì
发明是现代手枪诞生的标志。

趣味知识

按照用途的不同，手枪可以分为战斗手枪、自卫手枪和特种手枪；按照结构的不同，手枪可以分为自动手枪、左轮手枪和气动手枪。手枪相比于其他枪械，体积小、重量轻，便于携带，操作方便，且成本低，但不足之处是射程较近。

导弹

导弹是一种飞行武器，可以攻击指定的目标，有的还可以追踪目标动向。导弹按照飞行方式的不同，可分为弹道式导弹和巡航式导弹；按照作战任务的不同，可分为战略导弹和战术导弹。1942年，德国火箭专家冯·布劳恩等人研制出世界上第一枚弹道式导弹和第一枚飞航式导弹。

趣味知识

中国著名科学家钱学森被誉为“中国导弹之父”和“中国航天之父”。他参与了近程导弹、中近程导弹、中国第一颗人造地球卫星的研制，领导了中国原子弹、氢弹的研制。

航空母舰

航空母舰可供舰载机起降和停放，一个国家如果有了航空母舰，在远离国土的情况下，不依靠当地机场也能进行作战。日本的“凤翔”号被认为是世界上第一艘现代意义上的航空母舰。航空母舰装备有多种先进武器，出海时会有很多巡洋舰、护卫舰、驱逐舰、潜艇保护它，因而航空母舰的防御性能和攻击性能都很强。

趣味知识

航空母舰是现代海军的重要武器，体现了一个国家的综合国力。但航空母舰也有局限性，首先，航空母舰目标太大，信号太多，很容易被发现；其次，它要携带大量燃料和弹药，不易补给；再者，其战斗力易受天气影响。

互动小课堂

扫一扫 听一听

小朋友，知道这么多事物的由来，是不是对它们的印象更深了？看看下面的图，说一说图中事物的名称和由来吧！